LE
FAVORY

TRAGI-COMEDIE.

Par Mademoiselle

DES JARDINS.

Sur l'Imprimé

A PARIS,

Se vend à AMSTERDAM,

M. DC. LXVI.

ACTEURS.

LE ROY DE BARCELONNE.

MONCADE son Favory.

CLOTAIRE Prince refugié.

LINDAMIRE Maiſtreſſe du Favory.

D. ELVIRE Dame de la Cour.

LEONOR autre Dame de la Cour.

DOM ALVAR Amy du Favory.

CARLOS Capitaine des Gardes.

La Scene eſt ſur une terraſſe dans la Maiſon de campagne du Favory.

LE

LE FAVORY

TRAGI-COMEDIE.

ACTE I.

SCENE PREMIERE.

MONCADE, DOM ALVAR.

MONCADE.

ENfin nous voilà seuls, cette foule importune
Qu'attache auprés de moy l'esclat de ma fortu-
Me traitte ce matin si favorablement,   (ne,
Que je puis, Dom Alvar, m'échapper un moment:
Donnons un temps si cher au beau feu qui m'inspi-
C'est sur cette terrasse où loge Lindamire   (re,
Essayons de la voir.

DOM ALVAR.
                    Pour un pareil dessein,
Vous avez oublié qu'il est un peu matin.

MONCADE.
Ouy, mais j'avois besoin de cette diligence
Pour tromper des flateurs l'extreme vigilance,
Et quand un favory qu'obsedent tous leurs soins,
Peut avoir le bon-heur de sortir sans témoins;

Que l'effet empressé de leur exactitude,
Luy permet de jouïr d'un peu de solitude,
Et de cacher sa route à leurs pas curieux,
Il est fort diligent ou fort chery des Dieux.

DOM ALVAR.

Quoy? toûjours dans l'esprit ce dégoust effroyable,
Toûjours vostre faveur vous gesne & vous accable?
L'heur de vous voir si grand, si craint & si chery,
N'a pû vous faire aymer ce nom de favory.

MONCADE.

Bien que de ce grand nom je fasse peu de compte,
J'en discerne pourtant l'honneur d'avec la honte :
Le plaisir de me voir dans un illustre employ
Propre à servir l'Estat, mes amis & mon Roy ;
Et l'heur d'estre l'objet des biens-faits de mon Mai- (stre
Trouvent mon cœur sensible autant qu'il le doit e- (stre:
Mais de tout ce bon-heur je goûte peu de fruit,
Quand j'ose envisager la peine qui le suit ;
Si tu pouvois sçavoir par un peu de pratique,
Ce qu'est un favory selon la voix publique,
Et quels pieges secrets chacun tend à ses pas,
Mon degoust pour ce rang ne t'estonneroit pas ;
Un homme qui parvient à ce degré supréme,
Doit se garder de tous, & sur tout de luy-mesme :
Car d'un calme apparent le plus souvent seduit,
Il s'endort sur la foy d'un vent qui le détruit ;
Pour gouster tous les fruits d'une pleine sagesse,
Il s'abandonne entier à sa delicatesse,
Et croit dessus son Roy n'avoir rien attenté
Quand il se fait chez luy Roy de la volupté.
Ah! qu'il fait D. Alvar suivre d'autres maximes
Envers les Souverains il est de certains crimes,
Qui bien qu'ils ne soient point deffendus par nos
Loix,   Blef-

Bleffent jufques au cœur la perfonne des Rois ;
Un Prince tient du Ciel la fuprême puiffance,
Le droit de commander eft un bien de naiffance :
Mais cét efprit du monde, & ce tendre tallant (lant,
Qui tiennent moins du Roy que de l'homme ga-
Comme un Prince ne peut les devoir qu'à luy-mef-
Il en eft plus jaloux que du pouvoir fuprême, (me
Et c'eft fur un tel point qu'un favory prudent,
Doit fur tout éviter d'eftre fon concurrent,
Qu'il doit inceffamment veiller fur fa perfonne,
Car de quelques projets qu'un Monarque foupçon-
Tout eft également à redouter pour nous, (ne
Et fes moindres defirs, font des defirs jaloux.

                DOM ALVAR.
Vous m'eftallez en vain cette frivole crainte
Vous eftes au deffus d'une telle contrainte,
Vos foins pour cet eftat, vos vertus, voftre fang,
Tout merite chez vous l'efclat de voftre rang ;
La fortune n'a fait que vous rendre juftice,
Et loin que fes faveurs partent de fon caprice,
Elle euft deu faire plus pour vos fameux exploits.
Et l'on fçait que Moncade eft forty de nos Rois,
Depuis que celuy-cy regne fur Barcelonne
Voftre bras fut toûjours l'appuy de fa Couronne,
Et quel que foit pour vous l'excez de fes bontez
Il doit peut-eftre plus au nom que vous portez :
Prenez donc fur vous-mefme une entiere affeuran-
Sans fatiguer le Ciel par voftre indifference, (ce,
Des faveurs qu'il vous fait connoiftre mieux le pris
Et ne rebutez plus le fort par vos mefpris,
Car vous en faites trop, s'il faut qu'on vous le die :
La parfaite amitié qui de tout temps nous lie,
M'oblige fur ce point à vous ouvrir mon cœur.
                A 3   Cha-

Chacun commence à voir avec quelle froideur,
Vous recevez du Roy les preſſantes careſſes,
Plaiſirs, feſtes, bontez, preſens, honneurs, largeſſes,
Rien ne peut de ſa part vaincre l'ennuy profond
Qu'on voit inceſſamment depeint ſur voſtre front,
D'où peut n'aiſtre un chagrin ſi peu juſte & ſi rude,
Vous avez voſtre Roy dans voſtre ſolitude,
Il a ſçeu pour charmer vos ſecrets deplaiſirs,
Vous amener auſſi l'objet de vos ſoûpirs,
Que peut faire de plus, ce Prince qui vous ayme,
Que de venir icy vous divertir luy-meſme;
Que d'amener chez-vous l'élite de la Cour,
Et parmy tout cela l'objet de voſtre amour,
Vous eſtes dans un lieu, dont l'art & la nature,
Ont à l'envy formé l'admirable ſtructure,
Et le Roy vous comblant d'un ſi rare bien-fait,
Vous fit le plus beau don que Prince ait jamais fait,
Cette diverſité de Coſteaux & de pleines,
Ces ſuperbes Jardins, ces marbres, ces fontaines,
Ces refuges ſacrez de l'ombre & de l'effroy,
Ces fertiles deſerts....

MONCADE.

Helas! ſont-ils pour moy;
Ces antres retirez dont le charme t'enchante,
Et tous ces autres biens que ton zele me vante;
Il eſt vray qu'à juger de ce lieu par nos yeux,
On le croit le ſejour des anciens demy-Dieux,
Jamais avec tant d'art on n'aſſembla peut-eſtre,
La ſplendeur de la pompe & la beauté champeſtre,
Chaque endroit different offre à noſtre deſir
Pour chaque heure du jour un ſingulier plaiſir:
Mais amy, que me ſert ce bien de ma fortune,
Si de tant de beautez je n'en poſſede aucune,

Ces

Ces fertiles deſerts ſi bien depeints par toy,
Ont-ils quelques attraits qui ſoient connus de moy,
Il n'eſt antre ſi noir, ny grotte ſi profonde
Où je ne ſois toûjours eſtouffé du grand monde,
Le ſilence eſt un Dieu que je ne connois pas,
En vain d'un bois eſpais l'on vante les appas,
De tous mes Courtiſans une foule ſans nombre,
Me prive inceſſamment de la fraîcheur de l'ombre,
Du ſouffle des Zephirs, du murmure des eaux
Des parfums du Printemps & du chant des oyſeaux,
Si quelquefois l'Eco ſurmontant cet obſtacle,
Me fait ouïr ſa voix, pour moy c'eſt un miracle,
Et de l'air dont le ſort juſqu'icy ma traitté....
Mais voicy de ſa part nouvelle cruauté,
Il ne me manquoit plus que le Prince Clotaire.

SCENE II.

CLOTAIRE, MONCADE, D. ALVAR.

CLOTAIRE.

AH, ah, je vous y prend noſtre cher ſolitaire,
Toute la Cour chez vous attend voſtre réveil,
Et vous eſtes levé pluſtoſt que le Soleil,
C'eſt pour vous preparer à venir à la chaſſe.

MONCADE.

Je n'en ſuis pas Seigneur;

CLOTAIRE.

Cruel ! qu'elle diſgrace
Venez-vous m'anoncer, ô Dieux ! quel deſeſpoir,
Quoy ? je vais donc paſſer tout un jour ſans vous
Ah ! cela ne ſe peut.   (voir?

MONCADE, *bas.*
Qu'elle basseffe extréme.

CLOTAIRE.

Et je ferois pluftoft feparé de moy-mefme,
Je ne puis vous quitter, & je vais dire au Roy,
Que fi vous ne venez il peut aller fans moy.

MONCADE.

Gardez-vous bien Seigneur....

CLOTAIRE.

Il faut qu'il vous l'ordonne,
D'euft-il mefme venir l'ordonner en perfonne,
Je cours l'en fupplier.

SCENE III.

MONCADE, D. ALVAR.

MONCADE.

Ne prenez pas ce foin;
Seigneur, car.... Mais ô Dieux ! il eft déja bien loin,
Voyez en quel eftat il va mettre mon ame,
J'efperois de donner tout ce jour à ma flame,
Et j'ay fait cent efforts pour me le menager,
Qu'il va tous rendre vains feignant de m'obliger ;
Ah ! de tous mes flateurs le plus infuportable.

D. ALVAR.

Il eft vray qu'il a tort de vous trouver aymable ;
Son zele vous offence, à le dire entre nous,
Quoy ne pouvoir paffer un feul jour loin de vous,
Ce mal-heur eft fenfible, il faut qu'on vous l'advoüe.

MONCADE.

Hé ! bien donc, je confens que ta bonté le loüe.

D. AL.

D. ALVAR.

Non, non, puis qu'il vous ayme il vous fait trop de

MONCADE. (mal.

Il m'ayme, hé! juſtes Dieux, ce lâche eſt mon Rival,
Les yeux de Lindamire ont embraſé ſon ame:
Mais il n'oſe advoüer une ſi belle flame,
Par la crainte qu'il a de choquer ma faveur,
Et de s'oſter en moy peut-eſtre un protecteur,
Une terreur ſi baſſe a ſur luy tant d'empire,
Qu'il me cede en tous lieux la main de Lindamire,
M'accable des effets de ſon zele indiſcret,
Et le traiſtre qu'il eſt me poignarde en ſecret.

D. ALVAR.

Un homme tel que luy doit peu donner de crainte,
Que pourront contre vous ſon amour & ſa feinte,
Vaincu, depoſſedé, fugitif, mal-heureux,
Et venant implorer du ſecours en cés lieux;
Que peut-il eſperer d'une ſi vaine flame.

MONCADE.

Il eſt amant & Prince, & Lindamire eſt femme;
Et d'ordinaire Amy ce beau ſexe eſt trompeur,
S'il faut meſme aujourd'huy que je t'ouvre mon
Je commécé à juger que l'amour de Clotaire, (cœur,
Eſt un puiſſant obſtacle à l'Hymen que j'eſpere,
Lindamire avec art veut le diſſimuler,
Cherche un autre pretexte à pouvoir reculer;
Le ſoupçon ſuppoſé d'un peu de meffiance,
Et ſon deüil qu'elle oppoſe à mon impatience,
L'ont ſceu juſques icy deffendre adroitement:
Mais en vain l'on ſe cache aux regards d'un amant;
Elle attent, elle attent le ſuccez de nos armes,
Le nom de Souveraine a de ſoy tant de charmes
Que ſi dans ſes Eſtats Clotaire eſt reſtably,

Elle

Elle mettra bien-toſt tous mes ſoins en oubly :
Voilà de ſes longueurs la cauſe veritable.

D. ALVAR.

Ne la ſoupçonnez pas d'un deſſein ſi blaſmable ;
Vous devez la connoiſtre , & vous luy faites tort.

MONCADE.

Helas ! nul ne connoiſt ce qui dépend du ſort,
La loy du changement eſt une loy commune
Et l'amour a ſa Rouë ainſi que la fortune :
Mais Lindamire ſort, laiſſe nous ſeuls, amour
Oſte-moy mes ſoupçons, ou la vie en ce jour.

SCENE IV.

LINDAMIRE, MONCADE.

LINDAMIRE.

CEs champs, ces bois, cette verdure ;
Les plus farouches animaux,
Les doux oyſeaux
Tout ayme en la nature.

MONCADE.

Elle lit.

LINDAMIRE.

Puis que l'amour ſçait enflâmer
Les objets les plus inſenſibles,
Si nos cœurs en ſont ſuſceptibles,
Helas ! faut-il les en blâmer.

MONCADE.

Ce ſoûpir en fait aſſez comprendre,   (dre :
Ah ! qu'heureux eſt l'objet d'un mouvement ſi ten-
Mais elle m'apperçoit. A cette heure en ces lieux,
Madame, je doutois du rapport de mes yeux.

Quoy

Quoy cette diligence eſt-elle ſans myſtere?

LINDAMIRE.

Ouy ſans doute Seigneur, & deplus ordinaire;
Je prends tous les matins un plaiſir ſans pareil,
A voir dans ce beau lieu le lever du Soleil;
Il embellit alors, ſe meſlant à l'Aurore,
D'un eſmail naturel tous les endroits qu'il dore,
Dans ces moments on voit les folâtres zephirs
Pouſſer autour des fleurs mille foibles ſoûpirs,
Et parfumant les airs de leurs douces haleines,
Reverdir, & ſecher le gazon des fontaines,
Je vous en fais, Seigneur, un fidele tableau,
Jugeant bien que pour vous il doit eſtre nouveau;
Un homme qui ſoûtient le poids d'une Couronne,
Gouſte peu ces plaiſirs que la Campagne donne.

MONCADE.

Il eſt vray que les ſoins où m'attachent les Dieux
Sont un puiſſant obſtacle au plaiſir de mes yeux:
Mais ſi contre ces ſoins mon triſte cœur murmure,
Ce n'eſt pas pour ces biens qu'eſtale la nature;
Il m'importeroit peu de voir naiſtre le jour,
Si je pouvois donner plus de temps à l'amour,
Si mille effets preſſans du feu qui me devore,   (re,
Vous prouvoient à quel poinct Moncade vous ado-
Qu'une faveur contraire à mon juſte deſir
Me laiſſaſt pour vous voir un peu plus de loiſir,
Et qu'enfin....

LINDAMIRE.

En amour chacun a ſa maniere,
Celle d'un favory doit eſtre ſinguliere,
Tous ces pas ſuperflus, tous ces empreſſemens,
Tous ces ſoins affectez, les vulgaires amans,
Sont interdits, Seigneur, à ceux de voſtre eſpece,

L'in-

L'inutile tribut de leur vaine tendreſſe,
Leurs pleurs & leurs ſoûpirs, leur aſſiduité,
Sont proprement des fruits de leur oyſiveté.

MONCADE.
Mais un Amant oyſif eſt ſouvent plus aymable,
Qu'un toûjours occupé que l'embarras accable,
La Patante plaiſt moins à l'amour qu'un poulet,
Et ce Dieu n'ayme point les ſoins du Cabinet.

LINDAMIRE.
Vous apercevez-vous qu'il dedaigne les voſtres.

MONCADE.   (autres,
Ah ! nous ne voyons point ce qu'on ſent pour nous
Et c'eſt d'un favory le plus preſſant ennuy,
Que d'avoir comme il a tant d'attraits hors de luy,
Sa gloire a plus d'amis bien ſouvent que luy-meſme,
Quelquefois on le hait au meſme temps qu'on l'ai-
On ne peut diſcerner dans ce qu'il a d'appas,   (me;
Ce qu'il a d'eſtranger, de ce qui ne l'eſt pas,
Et tel eſt amoureux de ce qui l'environne,
Qui n'a jamais penſé peut-eſtre à ſa perſonne.

LINDAMIRE.
C'eſt eſtre ſur ce poinct un peu trop delicat,
Vous eſtes proprement jaloux de voſtre éclat,
Sans ſçavoir ſi c'eſt vous, ou ſi c'eſt luy qu'on ayme,
Si quelqu'un les confond, faites-en tout de meſme,
Pourveu qu'on ſoit heureux, je ſouſtiens quand à
       moy,
Qu'on peut bien ſe paſſer de s'enquerir pourquoy.

MONCADE.
Ce precepte me ſemble utile & raiſonnable;
Mais, Madame, en amour il n'eſt pas recevable;
L'amour eſt de luy-meſme, & le but & l'objet,
Il renferme & produit la cauſe & ſon effet,

                                              Et

Et si-tost que son feu se glisse dans une ame,.
Si quelque autre interest se mesle à cette flâme,
Que dans l'objet aymé l'on trouve des appas,
Qui ne soient point de luy, dés lors on n'ayme pas ;
Jugez donc sur ce poinct si ma peine est extréme,
Moy de qui les appas sont tous hors de moy-mesme,
Peut-estre mon respect, mon amour, & ma foy,
Sont les moindres attraits....

SCENE V.

MONCADE, LINDAMIRE, D. ALVAR.

D. ALVAR.

SEigneur voicy le Roy.

MONCADE.

Le Roy !

D. ALVAR.

Ouy.

MONCADE.

Juste Ciel !

LINDAMIRE.

Adieu je me retire,

D. ALVAR.

Il est seul & chagrin.

MONCADE.

Cours apres Lindamire,
Pour sçavoir en quel lieu je puis tantost la voir :
Qu'on fait mal-aisément l'amour & son devoir,
Et qu'au cœur delicat se trouve de foiblesse,
Quand il sert à la fois, son Maistre & sa Maistresse.

A 7 SCENE

SCENE VI.
LE ROY, MONCADE.

LE ROY.

CE n'eſt donc qu'à deſſein de nourrir voſtre ennuy
Que vous vous diſpenſez de me ſuivre aüjour-
   d'huy,
C'eſt pour eſtre chagrin, reſveur, melancholique
Que vous me ſuppoſez une affaire publique,
Et le bien d'eſtre ſeul touche plus voſtre eſprit
Que les empreſſemens d'un Roy qui vous cherit;
Ce procedé m'eſtonne, & pour ne vous rien taire,
Cette faſcheuſe humeur commence à me déplaire;
Je ſuis jaloux de voir que toute ma faveur.
N'ait pû juſques icy vaincre voſtre froideur, (mes,
Que les Dieux nous ayant formez ce que nous ſom-
Les Rois puiſſent ſi peu pour le bon-heur des hom-
   mes,
Puis qu'avec tout l'effort du pouvoir Souverain,
Je ne puis rendre heureux l'ouvrage de ma main;
Souhaittez, demandez, eſprouvez mon eſtime
Par tout ce qu'un ſujet peut ſouhaitter ſans crime,
Ne me déguiſez rien, ouvrez moy voſtre cœur,
Parlez, que vous fait-il?

MONCADE.

Pardonnez-moy, Seigneur,
Si ſur un tel diſcours, je ne ſçay que reſpondre,
Cet excez de bontez doit ſi fort me confondre
Que je croirois, grand Roy, l'avoir peu merité,
S'il laiſſoit mon eſprit dans quelque liberté,
Il le faut toutefois, mon ſilence eſt un crime,
Il faut qu'à vos genoux, Monarque magnanime,
Je jure que mes yeux ont dementy mon cœur,

S'ils

S'ils n'ont pas assez bien exprimé mon bon-heur :
Ouy j'atteste....

LE ROY.

Arrestez, ou soyez plus sincere,
Ces frivoles sermens aigriroient ma colere ;
Parlez avec franchise & sçachez qu'aussi-bien
Tous vos deguisemens ne serviroient de rien,
Cent soûpirs échappez, & cent plaintes secrettes
Ont esté de vos maux d'assez bons interprettes,
Je ne demande pas vostre adveu là-dessus,
Aprenez pour finir des discours superflus
Que je veux cet effet de vostre obeïssance,
Qu'il y va de ma joye & de ma bien-veillance,
Et qu'en vous obstinant à trahir mes souhaits
Vous perdez aujourd'huy ma faveur pour jamais.

MONCADE.

Ah Seigneur quel arrest !

LE ROY.

Il est irrevocable.

MONCADE.

Où me reduisez-vous, Monarque incomparable,
Qu'exigez vous de moy, juste Ciel, & comment
Puis-je oser de mon Roy faire mon confident.
O Dieux ! à ce nom seul tout mon respect s'estonne,
Il ne peut consentir....

LE ROY.

Mais enfin je l'ordonne.

MONCADE.

Hé bien Seigneur ? hé bien il faut vous obeïr,
Je vas vous satisfaire, & je vas me trahir,
Vous me le commandez.

LE ROY.

Ta longueur m'importune

Parle.

MON-

MONCADE.

Je suis jaloux de ma propre fortune,
Ce n'est pas moy qu'on ayme, on ayme vos faveurs
Et vos bien-faits, Seigneur, m'enlevent tous les
    cœurs,
Ce seroit pour mon ame un sujet d'allegresse,
Si le sort me laissoit le cœur de ma maistresse ;
Je sens bien qu'il est doux & glorieux pour moy
De devoir mes amis aux bontez de mon Roy,
Je voudrois dans l'ardeur du zele qui m'inspire
Que je vous deusse aussi tout l'air que je respire ;
Que je ne pûsse agir n'y vivre que par vous, (doux:
Tant d'un devoir si cher les nœuds me semblent
Mais, Seigneur, en amour c'est un plaisir extréme
De ne devoir qu'à soy le cœur de ce qu'on ayme,
Et l'on meurt mille fois quand un objet chery
Peut confondre l'Amant avec le favory.

LE ROY.

Quoy de vostre chagrin c'est-là l'unique cause ?

MONCADE.

Pour qui n'aymeroit point ce seroit peu de chose ;
Mais l'amour eut toûjours sa politique à part,
Une chimere, un rien, est tout à son égard,
Et puis qu'il faut icy vous dire ma foiblesse,
Si mon rang partageoit le cœur de ma maistresse
Quand par luy je serois au comble de mes veux
Dans mon ame en secret je serois mal-heureux,
Un veritable Amant de tout se fait ombrage,
Et l'on détruit l'amour si-tost qu'on le partage.

LE ROY.

Quoy toute ma tendresse & toute ma faveur
Ne sçauroient l'emporter sur cette folle ardeur,
Donc je ne puis remplir ce cœur insatiable,

Et

Et comblé de mes biens vous estes miserable ;
Quand je verse sur vous mes plus tendres bien-faits
Devroit-il rien manquer, ingrat, à vos souhaits ;
Quoy je me donne entier à ce cœur temeraire,
Et je suis moins pour luy qu'une vaine chimere,
Qu'une vapeur d'amour dont il est enflâmé ?

MONCADE.

Ah Seigneur! ah Seigneur! vous n'avez point aymé.

LE ROY.

Non je n'aymois que toy cruel, je le confesse,
Mais puis que pour ton cœur c'est peu que ma ten-
        dresse,
Qu'estant tout pour ton Roy, tu te croy mal-heu-
Je t'abandonne entier à tes indignes feux,   (reux,
Donne toy pleinement aux devoirs de ta flâme,
Je sçauray desormais faire choix de quelqu'ame,
Si sensible aux effets que produit ma faveur,
Que j'en feray tout seul la peine ou le bon-heur.

MONCADE.

Daignez Seigneur : Mais Dieux apres cette menace
Il me laisse accablé d'ennuis & de disgrace,
Ne l'abandonnons pas & faisons un effort
Pour moderer l'excez de ce boüillant transport.

ACTE II.

SCENE PREMIERE.

LEONOR, D. ELVIRE.

LEONOR.

VOus vous moquez de moy D. Elvire, ou je meure
De me faire sortir de ma chambre à cette heure,
                                Tout

Tout le monde repose on se rira de nous.
D. ELVIRE.
Hé venez Leonor.
LEONOR.
Mais où donc allez-vous,
Apprenez moy du moins la belle matineuse
Si c'est pour menager une intrigue amoureuse
Ou bien pour consulter le mouvement des Cieux,
Que vous me conduisez à cette heure en ces lieux :
Qu'est-ce donc ?
D. ELVIRE.
Son chagrin me fait pâmer de rire
C'est pour m'accompagner jusques chez Lindami-
Elle doit me donner pour prix un brasselet   (re;
Si je la trouve au lit en portant ce bouquet.
LEONOR.
Sans mentir sur ce poinct nulle ne nous égale ;
A quoy bon tous ces soins envers vostre rivale,
Avec empressement vous suivez tous ses pas.
D. ELVIRE.
Ce sont rusés d'amour que vous n'entendez pas.
LEONOR.
Non j'en tombe d'accord, mais veuillez me les dire,
Nous trouverons toûjours assez-tost Lindamire.
Et puis de tels soucis ne sont pas importans,
Joüissons un-moment de la beauté du temps ;
Pour ne rien déguiser je ne puis vous comprendre,
J'ay quelquesfois aymé, car qui peut s'en deffendre?
Vous sçavez qu'icy-bas tout s'enflâme à son tour,
Et qu'enfin la plus prude a son heure en amour ;
L'amour m'a donc aussi comme une autre enflâ-
Et j'avois comme vous une rivale aymée :   (mée,
Mais, ou vous n'aymez pas comme les autres font.
Ou

Ou mon cœur n'est pas fait comme les autres sont,
Car si-tost qu'à mes yeux sa flâme fut connuë,
Cent fois plus que la mort j'apprehendois sa veuë;
A son nom seulement je fremissois d'horreur,
Et si je l'avois pû j'aurois mangé son cœur.

D. ELVIRE.

C'est aussi pour servir la haine qui m'inspire
Que l'on me voit sans cesse aupres de Lindamire,
Par là je luy ravis le doux contentement
D'oser entretenir Moncade librement,
Sur le pretexte adroit de ma fausse tendresse
Je trouble ses plaisirs avec tant de finesse
Que sans qu'on s'en deffie à peine en tout un jour
Trouve-t'il un instant pour luy parler d'amour;
Est-il pour une Amante une peine plus rude,
Je la contemple alors dans son inquietude,
Elle devient chagrine & presque en un moment.
Son visage & ses yeux changent visiblement,
Son humeur devient sombre & sa melancholie
Fait que Moncade mesme aupres d'elle s'ennuye,
Il croit l'importuner, il en devient jaloux,
Et moy dans ces moments je luy darde mes coups,
Je fais tous mes efforts pour en estre loüée,
J'anime mon esprit; je deviens enjoüée,
Et dans ma belle humeur j'estalle des appas
Que sans trop me flatter Lindamire n'a pas;
Est-ce l'entendre?

LEONOR.

Ouy, mais aussi nostre chere,
Si c'est l'entendre bien, c'est estre peu sincere,
Et si Moncade vient à s'en apercevoir,
Croyez moy, bannissez pour jamais vostre espoir,
Si l'amour n'est fondé sur une haute estime.

D. ELVI-

D. ELVIRE.

Hé la ruse en amour ne passe point pour crime,
Ce sont vieilles erreurs & soucis superflus
Tant d'estime ne sert que quand on ne plaist plus,
Quand on n'a plus d'appas pour paroistre agreable,
Il est bon de tâcher à se rendre estimable,
Il faut charmer l'esprit ne pouvant faire mieux :
Mais quand un jeune Amant se rend à de beaux
Il borne à ce qu'il voit son estime & sa flâme, (yeux,
Et ne s'avise pas d'aller jusques à l'ame ;
Le secret est de plaire, & l'on voit en effet
Que chacun croit toûjours ce qu'il ayme, parfait :
Plaisons donc dans le temps d'une belle jeunesse,
Et laisons sans regret l'estime à la vieillesse,
Se pique qui voudra de grande probité,
Pour moy je ne veux point de cette qualité
Et comme par le temps elle m'est destinée,
J'attens pour l'obtenir ma cinquantiéme année.

LEONOR.

Voila d'une coquette à peu pres la leçon.

D. ELVIRE.

Certes je ne sçay pas si je la suis ou non ;
Mais je m'ayme beaucoup & j'ayme fort à plaire,
J'ayme assez le grand bruit & je hay le mistere,
Je fais moins pour autruy, que je ne fais pour moy,
Et la joye est en tout & ma regle & ma loy,
Si c'est ce qu'on appelle à present des coquettes ;
Il est vray je la suis :

LEONOR.

Ouy sans doute vous l'estes,
Et je dois par les loix d'une pure amitié
Vous donner là-dessus un advis par pitié,
Qu'il vous profite ou non je ne sçaurois le taire ;

Elvire

Elvire croyez-moy devenez plus sincere,
Il n'est jamais trop tost de faire son devoir,
Aussi-bien vous formez un inutile espoir :
Lindamire est aymable & Moncade est fidelle,
Ne troublez point le cours d'une amitié si belle :
Mais il vient.

SCENE II.
MONCADE, ELVIRE, LEONOR.

ELVIRE.

OBservez un peu nostre entretien,
Vous verrez si je feins & si je l'entens bien.

MONCADE.

Esviter de me voir, quel crime ou quelle audace
Peut attirer sur moy cette grande disgrace.

ELVIRE.

Il ne m'aperçoit pas.

MONCADE.

Qu'ay-je fait, qu'ay-je dit :
Dieux qui voyez mon cœur.

LEONOR.

Qu'il paroist interdit !

MONCADE.

Comment permettez-vous ce revers de fortune ?

ELVIRE.

Leonor il nous voit.

MONCADE.

Ah rencontre importune !
Que je hay cette femme !

ELVIRE.

Ainsi triste & resveur,

MON-

MONCADE.

Vous voyez.

ELVIRE.

D'où vient donc cette fâcheuse humeur,
Au faiste des grandeurs où l'on vous voit atteindre
Qui pourroit vous donner juste lieu de vous plain-

MONCADE.   (dre.

Helas !

ELVIRE.

Vous soûpirez, seroit-ce bien l'amour
Qui causeroit, Seigneur, vos ennuis en ce jour ?
Ah je ne le croy pas, vous que chacun adore,
Quel que soit vostre objet, vostre flâme l'honnore,
Et de vostre conqueste, on sçait trop bien le pris
Pour payer vostre amour d'un injuste mépris !

MONCADE.

La flatteuse ; Il est tant de miseres humaines,
Que l'amour ne fait pas toûjours toutes nos peines,
Tel croit souvent un homme au faiste du bon-heur,
Qui ne penetre pas le secret de son cœur,
Et l'aveugle fortune a si peu de constance
Que jamais nul ne doit juger sur l'apparence,
Tout éprouve icy-bas son instabilité.

ELVIRE.

De grace épargnez vous cette moralité ;
A quoy bon dans l'esclat où l'on vous voit paroistre
Resver sur un futur que nul ne peut connoistre,
Jouïssez du present qui vous est glorieux
Et laissez l'advenir entre les mains des Dieux.

MONCADE.

Qui veut de sa raison faire un parfait usage,
Dans le calme du port doit penser à l'orage ;
C'est-là qu'envisageant les mal-heurs qu'on prevoit.

Le

Le sage s'y prepare & souvent y pourvoit :
De mesme les sujets qui remplissent ma place
Doivent incessamment resver à leur disgrace ;
Regarder le present comme un moment qui fuit,
Et qu'on voit effacer par celuy qui le suit.
De mille favoris les cheutes estonnantes (quentes,
Nous font voir à quel poinct le sort les rend fre-
L'image du passé nous predit l'advenir.

ELVIRE.

Effacez ce portrait de vostre souvenir ,
Pour moy je vous predis sans le secours des charmes
Que vous n'aurez jamais à craindre que nos armes,
Et Seigneur pour les gens qui sont faits comme vous,
Ce n'est pas un grand mal que de sentir nos coups ;
Si je sçay bien juger des regards de nos belles,
Ils ne vous feront pas des blessures mortelles.

MONCADE.

Je croy que sur ce poinct, & ma vie & ma mort
Dependeroient assez des caprices du sort,
Selon qu'il me seroit contraire ou favorable,
Je serois en amour heureux ou miserable,
Et pour ne rien celer je ne m'y connois pas
Où les bontez du Roy sont mes plus grands appas.

ELVIRE. (unes;

Vous pouvez dire vray, Seigneur, pour quelques-
Car il est parmy nous des ames bien communes,
Quand j'y songe pour moy je ne le cele point
J'ay honte d'advoüer mon sexe sur ce poinct,
Quand on m'appelle femme en certaine avanture
Mon visage en rougit comme de quelque injure.

MONCADE.

Vous seriez donc constante & malgré le mal-heur....

ELVI-

ELVIRE.

Vous vous souciez bien de le sçavoir, Seigneur,
Ayant si peu d'attraits, mon zele & ma constance
Sont pour vous à mon sens d'assez peu d'impor-
　　tance:
Mais qu'ils le soint ou non j'ateste tous les Dieux,
Et consens si je mens de mourir à vos yeux;
Que si le sort cessoit de vous rendre justice,
Ny conseils, ny tourmens, ny crainte du supplice
N'esbranleroient mon cœur; mais pourquoy cét ad-
De la bouche d'Elvire, il vous importe peu, 　(veu
Il faudroit des attraits de plus grande efficace.

S C E N E III.

MONCADE, D. ELVIRE, LEONOR, D. ALVAR.

D. ALVAR.

N'Avez vous point appris d'où vient qu'on rompt
　　la chasse?
Et quel est le chagrin que témoigne le Roy?

MONCADE.

Non, qu'est-ce?

D. ALVAR.

　　　　Tout le monde en conçoit de l'effroy,
Il se promene seul dans cette galerie
Si plein de sa douleur & de sa resverie,
Qu'à peine il voit l'objet qui luy frappe les yeux.

MONCADE.

Seul, resveur, & chagrin. Ah! s'en est fait grands
　　Dieux.

SCENE IV.

MONCADE, CLOTAIRE, D. ALVAR, ELVIRE, LEONOR.

CLOTAIRE.

Qu'a le Roy cher amy quelle douleur l'accable?

MONCADE.

Je l'ignore Seigneur. Que je suis miserable !

CLOTAIRE.

Vous l'ignorez, cela ne peut se conçevoir
Si vous ne le sçavez qui pourroit le sçavoir,
Vous avez dans son cœur une trop grande place
Pour ne pas estre instruit de tout ce qui s'y passe,
Vous nous faites finesse ; amy dites-le nous ?
Ne vous deffiez point d'un Prince tout à vous,
Si vous pouviez sçavoir à quel poinct je vous ayme,
Vous me regarderiez comme un autre vous mes-
     me :
Que ne faut-il pour vous répandre tout mon sang,
Dieux avec que plaisir je perçerois ce flanc !

MONCADE.

Ciel peut-on si bien feindre !

CLOTAIRE.

                    Au deffaut de ma vie,
Que mille embrassemens vous prouvent cette en-
Mais le Roy va m'oster mon unique bon-heur ;(vie:
Carlos vient vous chercher.

SCENE V.

MONCADE, CLOTAIRE, D. ALVAR, ELVIRE, LEONOR, CARLOS.

MONCADE.

Que fait le Roy?

CARLOS.

Seigneur
Il est seul dans sa chambre & par moy vous ordonne
De quitter dans demain sa Cour & Barcelonne,
Et de vous retirer à vostre autre maison
Que je viens de sa part vous donner pour prison.

ELVIRE *bas.*

Quoy Moncade exilé!

LEONOR *bas.*

Dieux!

CLOTAIRE *bas.*

Que viens-je d'entendre!

D. ALVAR.

Dites vous vray Carlos?

CARLOS.

Ce coup doit vous surprendre
Et j'en ay comme vous paru tout interdit:
Mais mon ordre est expres.

MONCADE.

C'est assez il suffit,
De quelque rude coup dont je sente l'atteinte
J'obeïray Carlos sans murmure & sans plainte,
Vous pouvez de ma part en asseurer le Roy,
Je ne meritois pas le choix qu'il fit de moy;
Il a connu du sort l'erreur & le caprice
Et ma disgrace enfin témoigne sa justice. *Carlos sort.*

SCE-

SCENE VI.

MONCADE, CLOTAIRE, D. ALVAR, ELVIRE, LEONOR.

MONCADE

Vous Prince....

CLOTAIRE.

     Un different de deux de mes amis
Et qu'ils m'ont aujourd'huy l'un & l'autre remis,
M'eft depuis un moment venu dans la memoire
Il faut y donner ordre il y va de ma gloire,
Je dois les accorder, l'heure me preffe, adieu.

ELVIRE.

Leonor oftons nous promptement de ce lieu,
On ne peut y durer tant le chaud eft terrible
Et dé-ja je me fens une migraine horrible;
O Dieux! quelle chaleur, fauvons nous on y cuit.

MONCADE.

Voylà de fes amys que la faveur produit,
Dans le fragile cours d'un bon-heur chymerique
Tout porte fon encens à l'Idole publique,
Une œillade, un bien-fait, une faveur du Roy,
Entraîne avec éclat tous les cœurs apres foy;
On court où va la foule, on fuit en abondance
Le vent impetueux de cette bien-veillance:
Ce rapide torrent apporte nuit & jour
Aux pieds d'un favory tous les foins d'une Cour;
Et dés le premier coup que le deftin luy donne,
Cét éclat fe diffipe, & chacun l'abandonne;
Et pour unique fruit de ce vafte bon-heur,
Il ne luy refte rien qu'une jufte douleur.

             B 2   Ah!

Ah ! que je tiens, amy, celuy digne d'envie,
Qui ne met qu'en luy seul le bon-heur de sa vie ;
Qui fuyant des grandeurs l'appas pernicieux,
Ne connoist que ses sens, son devoir & les Dieux,
Qu'un homme sans amis, & qui vit solitaire....

D. ALVAR.

Tout-beau, distinguez-moy d'Elvire & de Clotaire,
Je ne sçay pas comme eux me regler sur le sort,
Et je vous suy par tout, amy, jusqu'à la mort.

MONCADE.

Me suivre : ah ! que plustost la mort la plus cruelle..

D. ALVAR.

Vous refusez en vain ces marques de mon zele ;
Je vous suivray.

MONCADE.

Quoy donc, la disgrace du Roy ?

D. ALVAR.

J'en voy toute l'horreur, & la voy sans effroy,
Le Roy ne peut m'oster que mes biens & ma vie,
Je vous dois l'un & l'autre & vous les sacrifie ;
Ne me resistez plus ?

MONCADE.

Mais au moins....

D. ALVAR.

C'en est fait.

MONCADE.

Ah ! de tous les amis l'amy le plus parfait :
Et bien donc puisqu'il faut que le destin m'accable,
Et dans mes faux amis, & dans le veritable,
Que l'excez de tendresse & l'excez de froydeur
Dechirent tour à tour également mon cœur :
Il faut bien me resoudre à ce dernier supplice,
Et creuser sous vos pas moy-mesme un precipice ;

Le

Le fort le plus cruel m'auroit esté trop doux,
S'il n'avoit exposé que moy seul à ses coups :
Il faut, pour adjouster un comble à ma misere,
Que tout ce qui m'est cher éprouve sa colere :
Puisque vous m'arrachez ce dur consentement,
Sçachez si je puis voir Lindamire un moment,
Je veux luy dire adieu ; graces au Ciel mon crime
Doit m'acquerir chez elle une plus haute estime ;
Et pour l'en informer venez sçavoir de moy,
D'où naist ce grand courroux que témoigne le Roy.

ACTE III.

SCENE PREMIERE.

LINDAMIRE, D. ALVAR.

LINDAMIRE.

CE que vous m'apprenez est à peine croyable,
Quoy ce crime est le seul dont Moncade est
coupable ?
Ce grand courroux du Roy, cét exil de la Cour,
N'a pour tout fondement que cét effet d'amour ?

D. ALVAR.

Non Madame.

LINDAMIRE.

A mon sens la cause en est legere
Et l'on met aysement un Monarque en colere.

D. ALVAR.

Les Rois sur leurs bien-faits sont toûjours delicats,
La faveur pour Moncade avoit trop peu d'appas ;

Cette

Cette extréme froideur & cette indifference
D'un mefpris criminel ont fouvent l'apparence,
Les Princes font jaloux de leur authorité
Et véulent faire feuls noftre felicité.

LINDAMIRE.

J'ignorois jufqu'icy que le pouvoir fuprême
Deuft affervir un cœur aux droits du Diadéme,
Je fçavois qu'on doit craindre & qu'on doit obeïr,
Mais pour la liberté d'aymer & de haïr;
Je croyois que les Rois la laiffoient à nos ames,
Et que l'amour deuft feul fe mefler de nos flâmes;
Cette erreur fe diffipe, & je commence à voir
Qu'un Roy peut ce qu'il veut, & n'a qu'à tout vou-
Toutesfois je ne fçay s'il pert fans repugnance (loir:
Un homme de ce poids, & de cette importance:
Son cœur devroit du moins à Moncade un combat,
Il eft depuis dix ans l'appuy de cét Eftat;
Deux fois nous avons veu Barcelonne troublée,
Et luy feul r'affermir la Couronne ébranlée;
Tant de fameux exploits parlent en fa faveur,
Tant de fidelité, de refpect, de ferveur,
Ses biens, les vœux publics, fon credit, fa naiffance,
Rien n'a porté fon cœur à la moindre licence,
Il fut toûjours foûmis aux ordres de fon Roy,
Et de tous fes defirs il fe fit une loy;
Se peut-il que ce Prince ait perdu la memoire
De tant de grands exploits, de merite & de gloire.

D. ALVAR.

Quoy que faffe un fujet fon Roy ne luy doit rien,
Nous luy faifons toûjours un prefent de fon bien;
Et l'on ne peut jamais fans eftre temeraire,
En faifant fon devoir efperer un falaire:
Ne murmurons donc point, & voyez feulement

Si

Si Moncade pourra vous parler un moment.
LINDAMIRE.
Ouy, je l'attens icy, vous pouvez l'y conduire;
Dans mon appartement quelqu'un nous pourroit
On se peut des fascheux icy mieux garantir. (nuire,
D. ALVAR.
Ne vous éloignez pas, je cours l'en advertir.

SCENE II.
LINDAMIRE *seule.*

NE m'importunez plus fierté trop écoutée,
  Taisez-vous voitre force est enfin surmontée ;
Orgueil, crainte, soupçons, déguisemens, froideur,
Sortez tous pour jamais de mon timide cœur ;
Vous avez trop long-temps tyrannisé mon ame,
Eclattez, éclattez pure & secrette flâme,
Noble & fidele amour si long-temps combattu,
Esclave infortuné d'une austere vertu,
Ne cache plus tes feux à qui les a fait naistre,
Parle, innocent amour, il est temps de paroistre ;
Moncade est mal-heureux, dans cette extremité,
Tu seras moins amour que generosité ;
Fais-toy voir tout entier, la pitié qui te monstre,
Dérobe aux yeux suspects... Ah! fascheuse recontre.

SCENE III.
LINDAMIRE, CLOTAIRE.

CLOTAIRE.
MAdame, ayant appris qu'un long bannissement
  Dans ce jour vous alloit dérober un amant,

B 4   Je

Je viens pour reparer cette perte cruelle
Apporter à vos pieds un cœur tendre & fidelle ;
Un cœur, un foible cœur tout percé de vos coups,
Et qui n'avoit jamais soûpiré que pour vous.

LINDAMIRE.

Dieux, quelle lâcheté ! l'offre est considerable,
Et c'est prendre à propos le moment favorable ;
Un cœur qui suit la hayne, ou la fureur du Roy,
Est un present honneste, & fort digne de moy ;
Qui pour les bons amis à ce point s'interesse,
Persuade aisément l'esprit d'une maistresse ;
Et je dois m'asseurer de l'ardeur de vos feux,
Par l'air dont vous traittez Moncade mal-heureux.

CLOTAIRE.

Ouy, Madame, en effet ma hayne pour Moncade
Vous découvre ma flame, & vous la persuade ;
Quand un cœur sçait haïr fortement en rival,
Il doit estre embrasé d'un amour sans égal ;
Et plus vous connoissez que ma hayne est extréme,
Plus vous devez juger que Clotaire vous ayme.

LINDAMIRE.

Vostre cœur a tenu ce grand feu bien secret,
S'il n'est de bonne foy, du moins il est discret ;
Vous avez de l'esprit, si vous n'estes syncere,
Et sçavez feindre enfin si vous ne sçavez plaire.

CLOTAIRE.

Il est vray qu'un respect contraire a mon ardeur
A long-temps renfermé ce beau feu dans mon cœur ;
J'ay caché mes soûpirs, j'ay retenu ma plainte :
Mais enfin mon amour est plus fort que ma crainte ;
Il faut me declarer, c'est pour vous que je meurs :
A ce mot armez-vous de toutes vos rigueurs ;
Il n'importe, je meurs avec moins de souffrance,

Par

Par voftre cruauté, que par mon long filence.

LINDAMIRE.

Le Roy pour voftre mal eft un grand Medecin,
Le refpect eût dans peu tranché voftre deftin :
Mais le prompt appareil d'un moment de difgrace
Eft contre le filence un remede efficace,
Et la fortune fçait de merveilleux fecrets
Pour prolonger les jours des amans trop difcrets.

CLOTAIRE.

Quoy railler à mes yeux d'une ardeur fi fincere,
Ah ! monftrez-moy pluftoft toute voftre colere,
En amour le courroux eft moins injurieux......

LINDAMIRE.

Ah ! vous me demandez un plus grand ferieux, ..
J'exauce avec plaifir une telle priere,
Et veux bien vous monftrer mon ame toute entiere;
Ofez-vous bien porter le nom que vous portez,
Et monftrer à mes yeux toutes vos lâchetez ;
Efclave du deftin, Prince indigne de l'eftre,
Apres la lâcheté que vous faites paroiftre,
Ofez-vous bien m'offrir vos voeux & voftre amour,
Allez vil Courtifan, Cameleon de Cour;
Cachez-moy pour jamais vos feux & voftre audace,
Et faites vos prefens à quelqu'ame plus baffe,
Apprenez....

CLOTAIRE.

C'en eft trop, cette extreme fureur
Va jufques aux mefpris, & paffe la rigueur,
Vous laiffant emporter à cette violence,
Vous donnez un champ libre à ma jufte vengeance;
Je fçay plus d'un moyen pour la bien exercer ;
Je ne dis rien de plus & vous laiffe y penfer.

LINDAMIRE.

La haine ou l'amitié d'un homme de ta forte ..
Ah-ye ! Elvire paroiſt.

SCENE IV.

LINDAMIRE, ELVIRE.

ELVIRE.

QUel courroux vous tranſporte ?

LINDAMIRE.

La douleur de trouver noſtre ſiecle infecté,
Par tant de perfidie, & tant de lâcheté,
De voir ſi peu d'amis dans le temps où nous ſommes,
Et de voir l'intereſt le Dieu de tous les hommes.

ELVIRE.

C'eſt là voſtre douleur, à ce que je puis voir
L'amour pour le prochain a ſur vous grand pouvoir:
Que vous importe ou non le mal qui ſe pratique,
Reſpondez-vous aux Dieux de la candeur publique?

LINDAMIRE.

Non, mais ſi noſtre ſiecle eſtoit plus genereux,
On n'accableroit pas mes amis malheureux :
Clotaire qui trahit Moncade en ſa diſgrace,
Si c'eſtoit un forfait n'en auroit pas l'audace,
Le nom de faux amy le combleroit d'horreur,
S'il eſtoit abhorré parmy les gens d'honneur:
Mais ſon ame à ce crime aiſement ſe diſpenſe,
Parce qu'en general il paſſe pour prudence.

ELVIRE.

C'en eſt vne en effet, & je tiens quant à moy,
Que c'eſt un grand fardeau que le courroux d'un
Roy, II

Il le faut éviter avec un soin extréme,
Et le premier amour est l'amour de soy-mesme.

LINDAMIRE.

Vous vous aymez beaucoup ?

ELVIRE.

Quoy vous aymez-vous moins ?
Pour moy mon bon-heur fait le premier de mes
Icy bas le bons sens gist à se rendre heureuse. (soins;

LINDAMIRE.

Certes je vous croyois l'ame plus genereuse ;
Et sçachant à quel poinct Moncade vous fut cher,
Je croyois que son sort deust au moins vous toucher.

ELVIRE.

Vous en jugez par vous à ce que j'en puis croire ?

LINDAMIRE.

Ouy son mal-heur me touche, & de plus j'en fais
Je pleins sensiblement l'estat où je le voy. (gloire,

ELVIRE.

Le Ciel vous fit le cœur plus sensible qu'à moy ?

LINDAMIRE.

Clotaire en fait voir un si fort semblable au vostre,
Que je croy que les Dieux les ont fait l'un pour
  l'autre ;
Je trouve en vos humeurs un merveilleux rapport,
Comme luy vous suivez l'inconstance du sort ;
Vostre syncerité l'une à l'autre ressemble,
Et ce couple parfait est digne qu'on l'assemble.

ELVIRE.

Avec juste raison vostre esprit est aigry,
On vole à vos bontez les soins d'un favory ;
Grondez pour soulager un si cruel martyre ;
Là je suis vostre amie, & vous pouvez tout dire.

LINDAMIRE.

Osez-vous sans rougir ?   EL.

ELVIRE.

Dieux quel emportement !
Voyez-vous ce que c'eſt que de perdre un amant ;
J'ignorois que ce mal eût tant de violence,
Ne l'ayant jamais ſceu par mon experience ;
On me l'avoit bien dit qu'il eſtoit fort preſſant :
Mais j'avois quelques vers pour un amant abſent ;
Où ſont-ils ?

LINDAMIRE.

Juſte Ciel !

ELVIRE.

Je les tiens, Elegie :
Deſtins qui m'enlevez la moitié de ma vie ;
Ouy ce les ſont ſans doute, eſcoutez :

LINDAMIRE.

Ha, grands Dieux !

ELVIRE.

Ciel qui viens d'ordonner qu'un cœur vive en deux lieux :
Le ſtile en eſt fort tendre.

LINDAMIRE.

Ame double & volage !

ELVIRE.

Quoy cela vous aigrit encore davantage,
Je ne ſçay rien de mieux pour calmer voſtre ennuy,
Je voy bien qu'il vous faut laiſſer ſeule aujourd'huy.

LINDAMIRE.

Hé bons Dieux dans le rang où cette femme eſt-née !
Son cœur peut-il....

ELVIRE.

Adieu l'amante infortunée.

SCENE

SCENE V.

LINDAMIRE seule.

SI tu pouvois juger combien il est honteux
  D'insulter lâchement aux foibles malheureux ;
Quels que soient les tourmens que mon ame doit
  craindre,
Tu croirois de nous deux estre la plus à plaindre :
Mais Moncade paroist.

SCENE VI.

MONCADE, LINDAMIRE.

LINDAMIRE.

HElas, Seigneur, helas !
Il est donc vray que rien n'est durable icy bas , (me,
Mes yeux m'apprennent donc que vous estes le mes-
Que ce jour ils ont veu dans un bonheur extreme,
Et que tout cét éclat, quand il plaist au destin,
Passe comme une fleur dans le cours d'un matin ;
Par quel charme faut-il que je me persuade ,
De vous voir malheureux, & de vous voir Moncade,

MONCADE.

Par un sort dont mon cœur adore le courroux,
Puisqu'il peut se flatter de l'éprouver pour vous :
Ouy, Madame, le Ciel ne m'a paru propice,
Qu'en vous offrant pour moy ce foible sacrifice ;
Cét éclat, ce credit, cette vaste grandeur,
Ne m'avoit fait gouster que l'ombre du bonheur,
Ce qui seul icy bas peut le rendre supréme,

C'est

C'eſt d'abandonner tout pour un objet qu'on ayme,
Je le gouſte à preſent ce bonheur ſi parfait,
Et je me ſens auſſi pleinement ſatisfait.

LINDAMIRE.   (re,
Ouy, ſoyez-le, Seigneur, tant d'heur & tant de gloi-
Ne ſeront pas perdus, ils ſont dans ma memoire,
C'eſt là que la fortune avec tous ſes efforts,
Ne peut plus vous oſter ces precieux treſors
Ils graveront ſans ceſſe en dépit de ſa rage,
De ce que je vous dois une vivante image,
Mon cœur de ce portrait ſe laiſſant enflâmer,
Se va faire un devoir, Seigneur, de vous aymer:
Si vous perdez pour mòy cette vaſte puiſſance,
Vous ne perdez qu'un bien ſujet à l'inconſtance;
Et je vous donne icy pour vous en conſoler,
Un cœur que mon trépas pourra ſeul vous voler.

MONCADE.
Ah! digne recompenſe, ah! gloire ſans ſeconde,
Quoy donc quand je me trouve hay de tout le mon-
Quand la peur d'attirer la colere du Roy   (de,
Chaſſe tous mes amis, vous vous donnez à moy:
Pour eſtre malheureux en ſuis-je plus aimable,
Et mes ſens m'ont-ils fait un rapport veritable.

LINDAMIRE.
Ouy, ouy, voſtre diſgrace attire mon amour;
Vous n'eſtiez pas à moy, Seigneur, avant ce jour,
Les ſoins de cét Eſtat vous occupoient ſans ceſſe,
Et vous eſtiez à luy plus qu'à voſtre maiſtreſſe;
Voſtre cœur poſſedé par tous ces ſoins divers,
Me confondoit ſouvent avec tout l'univers:
Cette confuſion en amour eſt fatale,
Je te rends graces, exil, tu m'oſte ma rivale;
Aujourd'huy je triomphe, il n'eſt plus de faveur,
                                    Et

Et Moncade pourra me donner tout son cœur :
Que d'innocens plaisirs cét exil nous prepare,
La fortune est, Seigneur, inquiette & bizarre,
Et jette dans l'esprit des soins tumultueux,
Qui chassent bien souvent, & l'amour & ses feux ;
La disgrace, au contraire, & sensible & touchante,
Nous met dans une assiette & tendre & languissante,
Qui dispose bien mieux nostre cœur à l'amour,
Que le faste & le bruit d'une nombreuse Cour.

MONCADE.

O Dieux! de quels transports de plaisir & de flâme,
Ce discours amoureux embrase-t'il mon ame :
Quoy vous m'aymez ? helas ! quelle felicité :
Mais, Madame, est-ce amour, ou generosité ?
Je tremble ; car enfin cette grande tendresse,
S'est cachée à mes yeux avec tant de finesse,
Et vous m'avez permis si long-temps d'en douter,
Que mon cœur n'ose encor qu'à peine s'en flatter ;
Je ne sçay quel soupçon à mon repos funeste,
Me dit que malgré nous l'amour se manifeste,
Et qu'on ne peut si bien regler tous ses desirs,
Qu'il n'échappe à l'amour au moins quelques soû-
Cependant tout l'effort d'une ardeur legitime (pirs,
Ne m'a fait découvrir au plus que de l'estime ;
Ce que deux ans de soins ont obtenu de vous,
C'est seulement l'espoir d'estre un jour vostre es-
Accepter une foy sans grande repugnance, (poux;
N'est pas toûjours d'amour une forte asseurance,
Et j'en ay deu douter jusques à ce moment,
N'ayant pour mon espoir que ce seul fondement.

LINDAMIRE.

Hé-bien n'en doutez plus, que vostre crainte cesse ;
Il est vray que l'excés de ma delicatesse,

M'a

M'a fait apprehender d'offencer mon amour,
En confondant ses vœux avec ceux de la Cour; (ne,
Je craignois qu'on ne creût mon ame assez commu-
Pour m'accuser d'aymer en vous vostre fortune;
Vostre exil oste enfin cét obstacle à mes feux,
Je vous ayme, il est vray, croyez-le, je le veux.

MONCADE.

Hé-bien, Madame, hé-bien j'oseray donc le croire,
Ce precieux amour qui fait toute ma gloire! (tart,
Mais, Dieux, pour mon mal-heur je le croiray bien
Puisque je touche enfin l'heure de mon depart.

LINDAMIRE.

Nous serons peu de jours éloignez l'un de l'autre,
J'ay des Maisons, Seigneur tout proche de la vostre,
Mettez-vous en repos, j'iray m'y retirer
Lorsque je le pourray sans faire murmurer;
Laissez-moy ménager un peu de bien-seance,
Et du reste..

MONCADE.

Ah! grands Dieux, apres cette asseurance,
Que puis-je demander, souffrez qu'à vos genoux
Mon cœur d'aise & d'amour....

LINDAMIRE.

Ah! Seigneur, levez-vous,
Si l'on vous voit, helas! que pensez-vous...

MONCADE.

Madame,
En quel ravissement avez-vous mis mon ame.

LINDAMIRE.

Je crains qu'on nous ait veus, ostons nous de ce lieu:
Partez. Adieu, Moncade..

MONCADE.

Adieu, Madame, adieu.

ACTE

ACTE IV.

SCENE PREMIERE.

D. ELVIRE. LEONOR.

LEONOR.   (mode;

Deussay-je estre pour vous une amie incom-
Non, je ne puis souffrir cette étrange me-
  thode,
Dans une heure Moncade est par vous oublié,
Cét homme si parfait.

D. ELVIRE.
    Il est disgracié.

LEONOR.
Et pour cette disgrace en est-il moins le mesme,
Quoy vostre cœur ressent une tendresse extréme,
Et puis sans autre peine il n'a qu'à le vouloir,
Vous changez d'un amant comme on fait d'un

D. ELVIRE.   (mouchoir?
Et vous ne trouvez pas ma methode admirable,
Mon cœur ayma Moncade autant qu'il fut ayma-
Quand sa faveur rendoit son amour precieux, (ble,
Que les jeux & les ris le suivoient en tous lieux;
Moy qui cherche par tout la joye & l'allegresse,
A pouvoir l'acquerir je m'efforçois sans cesse :
Mais dans ce grand revers où l'on ne voit en luy
Qu'un esprit accablé de chagrins & d'ennuy,
Qu'il est moins un objet de plaisir que de larmes,
Pourrois-je sans erreur luy voir les mesmes char-
Où seroit mon esprit & mon discernement: (mes;
Là, soustenez un peu vostre raisonnement?

LEO-

LEONOR.

Il seroit à monstrer un courage intrepide,
Une grande constance.....

ELVIRE.

Hé, cherchons du solide ;
Fy de vostre constance, on en est revenu,
Ce n'est qu'une chimere habillée en vertu :
Si nos Peres ont eu cette folle manie,
Le siecle est bien guery de cette maladie ;
Croyez-moy, Leonor, à present à la Cour
On ne sçait plus donner de chaînes à l'amour ;
Comme il est un enfant, on croit qu'il ayme à rire,
Et l'on traitte de jeu ce qui fut un martyre.

LEONOR.

Il est vray, qu'à vous voir traitter ainsi son feu,
L'on ne peut vous nier que ce ne soit un jeu :
Mais il faut sur un point que je me satisface ;
N'aymiez-vous pas Moncade avant cette disgrace,
Estoit-ce feinte, ou non ?

ELVIRE.

Vous me connoissez bien,
Je hay tout ce qu'on ayme, & n'ayme jamais rien ;
Tout ce qui peut m'oster le nom de la plus belle,
M'inspire aveuglement une haine mortelle :
Lindamire parut plus charmante que moy,
Quand elle assujettit le Favory d'un Roy ;
Si-tost qu'elle receut ce glorieux hommage,
Elle attira sur soy dés-lors toute ma rage :
Mais quoy que m'inspirast ce courroux vehement,
Je haïs la Maistresse, & n'aymay point l'Amant :
Et pour mieux vous monstrer comme j'aymois
J'ay fait une conqueste à cette promenade: (Moncade,
Car sans trop me flatter, je ne m'y connois pas,

Ou

Ou Dom Lope a senty l'effet de mes appas ;
J'ay surpris par hazard un certain regard tendre.

LEONOR.   (dre ;

Certes plus vous parlez moins je puis vous compren-
Cette façon d'aymer, & ces prompts changemens,
Pour des gens tels que moy sont des enchantemens :
Mais passe pour ce point, l'amour a des mysteres
Qu'il ne profane pas aux Amans ordinaires ;
Vous pouvez le changer, vous pouvez le haïr :
Mais vous joindre à Clotaire, Elvire, & le trahir,
C'est le dernier effet d'une ame foible & basse.

ELVIRE.

Devrois-je point plustost partager sa disgrace,
Et passer en exil le plus beau de mes jours
Par un zele indiscret qui n'est d'aucun secours ;
J'ay fait penser à tous avec un soin extréme,
Que j'aymois Lindamire à l'égal de moy-mesme ;
Elle adore Moncade, & peut dans son ennuy
Former quelque murmure, & se perdre avec luy :
Si son amour la porte à cette extravagance
On me soupçonnera d'estre d'intelligence,
Et le moindre envieux que j'auray prés du Roy,
Peut d'un mot attirer tout son courroux sur moy ;
Il faut donc me parer de cette calomnie,
En monstrant que je suis leur plus grande ennemie,
Et me tirer ainsi finement du danger,
Par mon empressement à les desobliger :
Car c'est un beau recours pour une mal-heureuse,
De penser, on dira, que je suis genereuse :
La belle ambition, graces au Ciel, mon cœur
Ne veut point à ce prix de ce titre d'honneur :
Penetre qui voudra ces sublimes mysteres,
Je ne me repais point de ces vaines chimeres ;

Je

Je sçay ce qu'eft la gloire & le parfait amour :
Mais je crains la difgrace, & j'aime fort la cour ;
Les yeux les plus brillans font ternis par les larmes,
Et trois jours de chagrin moiffonnent bien des
        charmes ;
Moy j'ayme un peu les miens, & pour les voir durer,
Dés long-temps j'ay fait vœu de ne jamais pleurer ;
Voila mon fentiment, à quoy qu'on me l'impute,
Je ne veux point avoir là-deffus de difpute :
Si le chagrin vous plaift, partageons entre-nous,
Vous pleurerez pour moy, moy je riray pour vous,
Le party vous plaift-il ?

LEONOR.

        On ne peut davantage,
Et vous m'obligez trop : mais que nous veut ce Page ?

ELVIRE.

C'eft au nouvel Amant : que veux-tu ?

SCENE II.

D. ELVIRE, LEONOR, UN PAGE.

LE PAGE.

        CE billet
Vous l'apprendra, Madame ?

D ELVIRE.

        Il fent bien fon poulet.

BILLET.

Depuis ce moment d'entretien,
Je m'apperçois fans que j'y penfe,
D'une certaine impatience,
Que je ne difcerne pas bien,   (ame,
Je fens des mouvemens tous nouveaux pour mon
                Mon

Mon cœur a des desirs tumultueux & doux ;
Je ne sçay ce que c'est : mais je pense, Madame,
Que ce mal ne sçauroit finir qu'auprés de vous.

ELVIRE *continuë.*

Ha ! rien n'est plus galant: de grace, nostre amie,
Ce billet plairoit-il à vostre prud'homie :
Je ne sors point ce soir, Page, il me trouvera,
Dy-luy qu'il peut venir, & qu'il m'obligera ?

SCENE III.

D. ELVIRE, LEONOR.

ELVIRE.

HE bien nostre constante, un amour à ma mode,
Est-il le plus aymable, ou le plus incommode ;
Parlez, qu'en dites-vous ?

LEONOR.

Qu'un cœur si tost épris,
Se refroidit de mesme, & n'est pas de grand prix.

ELVIRE.

La bonne illusion, là là je m'en contente,
Il suffit qu'il occupe une place vacquante ;
Je mets le reste au sort, il viendra quelque instant,
Qu'il m'embarasseroit s'il estoit plus constant ;
Il m'épargne du moins la disgrace cruelle,
D'estre un jour sans amant, & d'estre jeune & belle:
Mais Clotaire paroist. Et bien, Seigneur ?

SCENE

SCENE IV.

ELVIRE, CLOTAIRE, LEONOR.

CLOTAIRE.

LE fort
Pour nous favorifer femble faire un effort ;
Apprenez un projet d'une extreme importance,
Et qui nous euft perdus fans un peu de prudence,
Lindamire au mepris de la fureur du Roy
Suit l'exil de Moncade, & luy donne fa foy.

ELVIRE.

O Dieux! qui l'euft penfé d'une prude femblable :
Mais comment fçavez-vous ce projet incroyable ?

CLOTAIRE.

Par un homme des fiens qui m'ayme cherement,
Et que chez elle exprés j'entretiens fourdement ;
Or l'exil de Moncade eft dans une province,
Où Lindamire peut prefque autant que le Prince,
Elle fut autresfois à ceux de fa Maifon,
Et peut-eftre cecy cache une trahifon :
S'il eft ainfi, Madame, une telle avanture,
Nous va mettre à la Cour en tres-haute pofture.
Le Roy tenant de nous cét avis important ;
De grace, envifagez le rang qui nous attent,
Il n'eft point de faveurs dont on ne nous accable,
Et nous pourrons remplir la place du coupable.

ELVIRE.

O Ciel! courons donner cét avis precieux.

LEONOR.

Quoy, vous vous refoudrez à ce crime odieux ?

Quoy

Quoy cette trahison?...

ELVIRE.

Voyez-vous l'heroïque?
Eſt-ce un crime aujourd'huy que d'eſtre politique?
Sçavez-vous quels mal-heurs, & quelle averſité,
Traine le nom d'amy d'un ſujet revolté?

CLOTAIRE.

Elvire le prend bien : ouy c'eſt une maxime,
Qu'icy tous ſes amis pâtiront de ſon crime :
Croyez-moy, Leonor, le poinct eſt delicat,
Et nous raiſonnons trop ſur un tel attentat,
Courons trouver le Roy : mais au reſte, Madame,
Il me ſeroit honteux d'accuſer une femme,
C'eſt à vous...

ELVIRE.

Ouy, Seigneur, j'en prends tout le ſoucy.

CLOTAIRE.

Allons : mais à propos ce Prince vient icy.

SCENE V.

LE ROY, ELVIRE, CLOTAIRE, LEONOR, CARLOS.

LE ROY.

AH! juſte Ciel, faut-il qu'en ce ſiecle barbare,
Un veritable amy ſoit devenu ſi rare.

ELVIRE.

Oſerois-je, Seigneur, ſans trop de liberté,
Apprendre une nouvelle à voſtre Majeſté?

LE ROY.

Vous le pouvez.

E L.

ELVIRE.

Elle est fort difficile à croire,
Cette fiere personne au cœur si plein de gloire,
Cette ame impenetrable aux fléches de l'amour,
Lindamire en un mot est amante à son tour ;
Elle accompagnera Moncade en son voyage,
Et la pitié surmonte enfin ce grand courage ;
C'estoit un cœur d'acier, l'amour luy faisoit peur :
Mais la compassion peut tout sur un grand cœur.

LE ROY.

Est-il possible, ô Dieux, quoy, cét orgueil supreme !
Cette fiere beauté !

ELVIRE.

Ouy, Seigneur, elle-mesme,
Elle partagera l'exil de son amant ?

LE ROY.

Qui l'eust pû soupçonner d'un tel emportement ?

ELVIRE.

Ah ! Seigneur, de tout temps ces vertus exemplaires,
Sont des masques adroits pour cacher les affaires ;
Ne vous fiez jamais à ces cœurs de rocher,
Qu'il semble que l'amour n'oseroit approcher ;
On n'en aime pas moins pour sçavoir un peu
    feindre,
Et ce feu qu'on renferme en est bien plus à craindre.

LE ROY.

Comme l'aimant beaucoup, son départ de ces lieux...

ELVIRE.

Moy, je l'aime, Seigneur, m'en preservent les Dieux ;
Elle va meriter vostre juste colére,
Elle suit un banny qui vous a pû déplaire,
Et mon cœur à l'aimer oseroit consentir,
Encore un coup le Ciel veuille m'en garentir :

De

De grace , jugez mieux des sentimens d'Elvire ;
Pour m'en justifier , Seigneur, j'ose vous dire,
Que si je juge bien sur ce pressant depart ,
Plus d'une passion y peut avoir sa part ;   (mes,
Mon esprit n'est pas grand, mais je connois les fem-
Je sçay que le depit peut beaucoup sur leurs ames :
Vous blessez celle-cy par un lieu delicat ;
Je ne m'entens pas trop aux maximes d'Estat :
Mais je craindrois tout d'elle estant en vostre place ,
Voyez ce qu'elle peut , & pensez-y de grace.

CLOTAIRE.

Si j'ose sur ce point dire mon sentiment ,
Cette crainte, Seigneur, n'est pas sans fondement.
Des grands Rois tels que vous la noble inquietude,
S'abaisse rarement jusqu'à la multitude,
Leurs esprits occupez par d'illustres projets,
Ne songent qu'en passant aux vœux de leurs sujets :
Mais nous autres oisifs, dont on voit d'ordinaire
Que l'examen d'autruy fait la plus grande affaire ,
Nous prenons garde à tout, rien n'échappe à nos
Et c'est en qualité d'un oisif curieux,   (yeux :
Que j'ose sur ce point m'avancer de vous dire ,
Qu'il est bon de veiller un peu sur Lindamire :
Ce voyage, Seigneur, a plus d'une raison,
Songez en quel païs Moncade a sa Maison.

LE ROY.

Vous me donnez sans doute un avis d'importance,
Et vous en jugerez par ma reconnoissance ;
Cette bonté m'estonne & j'avouë entre nous,
Que je n'attendois pas ce grand zele de vous
N'estant pas mon sujet.

CLOTAIRE.

Seigneur vostre personne

Vous soûmet plus de cœurs que ne fait la Couron-
Et du bien d'estre à vous on se fait un devoir,   (ne;
Lors qu'on a seulement le bon-heur de vous voir.

LE ROY.

Vous me rendez confus, Prince & mon bon génie
A dans cette rencontre une force infinie,
Car Moncade auroit deu seduire vostre cœur ;
Il parut vous servir avec tant de chaleur :
Ce fut, je m'en souviens, à sa seule priere,
Que je vous secourus la campagne derniere ;
Et depuis, c'est encor son zele officieux,
Qui vous fit obtenir un azile en ces lieux :
Un service pareil & de cette importance,
Sembloit devoir tenir vostre cœur en balance,
Et vous m'estiez suspect quand j'osois y penser.

CLOTAIRE.

Moy vous estre suspect ! moy, Seigneur, balancer :
Si j'ay receu des biens par la main de quelqu'autre,
Je n'ay pas ignoré qu'ils partoient de la vostre,
Quel que soit le canal qui les conduit à nous,
Vous en estes la source, & je vous les dois tous.

SCENE VI.

LE ROY, D. ELVIRE, LEONOR, CLOTAIRE, LINDAMIRE, CARLOS.

LE ROY.

O Uy : mais cette amitié, que vous faisiez paroistre.

LINDAMIRE *bas.*

Escoutons.

CLO-

CLOTAIRE.

Moy j'aymois la faveur de son Maistre ;
Et jamais il n'eut rien de plus charmant pour moy,
Que l'heur d'estre l'objet des bontez de son Roy :
S'il faut mesme aujourd'huy que je vous le declare,
Mon cœur vous souhaittoit envers luy plus avare ;
Tout le monde voyoit sa faveur à regret,
Et vos meilleurs sujets murmuroient en secret.

ELVIRE.

Il vous donne, Seigneur un avis veritable ;
En effet son orgueil estoit insupportable.

LINDAMIRE *bas*.

Lâche..

CLOTAIRE.

Tout le Royaume en estoit mécontent.

LINDAMIRE.

Ouy, Seigneur, il est vray, l'avis est important.

CLOTAIRE.

O Dieux ! c'est Lindamire.

LINDAMIRE.

    Et de telles personnes (ronnes:
Sont d'un tres-grand secours pour le bien des Cou-
Poursuivez, poursuivez, conseillers genereux,
Achevez d'accabler un amy mal-heureux,
Estalez à nos yeux un crime imaginaire,
Tel qu'on doit l'esperer d'Elvire & de Clotaire :
Ah ! grand Roy, se peut-il que vostre Majesté
Souffre tant de bassesse & tant de lâcheté :
Prince, l'honneur de tous, Monarque incomparable,
Voyez-vous sans horreur ce couple detestable.

LE ROY.

Moderez, moderez ce courroux vehement,
Nous sçavons d'où provient ce grand emportement :

C 2   C'est

C'eſt par eux que je ſçay ce bien-heureux voyage,
Où l'amour de Moncade aujourd'huy vous engage;
Vous l'avez entendu ſans doute, & ce courroux
Vient de voir un obſtacle à des deſſeins ſi doux.

LINDAMIRE.

J'ignorois juſqu'où va leur noire perfidie,
Et n'ay rien entendu de cette calomnie.

LE ROY.

Quoy ce voyage eſt donc quelque conte inventé?

LINDAMIRE.

Je ne veux pas nier à voſtre Majeſté,
Qu'aimant à me trouver tranquille & ſolitaire,
J'avois fait le deſſein d'un exil volontaire:
Mais pour me delaſſer du monde & de la Cour,
Et par un pur degouſt pluſtoſt que par amour.

LE ROY.

Je n'en demande pas ſur ce point davantage,
Il ſuffit, on voit peu de filles de voſtre âge
S'exiler de la Cour ſans peine & ſans regret,
Si l'amour n'a ſa part de ce degouſt ſecret:
Je voy tous vos deſſeins, & j'en prevois les ſuittes;
Et comme rarement l'amour a des limites,
Il eſt bon de ſonger d'abord à ſe parer,
Des mal-heurs que ce feu pourroit nous attirer;
Je vais y travailler.

CLOTAIRE.

Suivons le Roy, Madame,
Et menageons un peu l'aſſiette de noſtre ame.

LINDAMIRE.

Ciel qui lis dans nos cœurs! touche celuy du Roy,
Ou fais que ſon courroux ne tombe que ſur moy.

ACTE

ACTE V.
SCENE PREMIERE.

LINDAMIRE, D. ALVAR.

LINDAMIRE.

QUoy Moncade arresté! Ha disgrace cruelle,
Dois-je croire, bons Dieux, cette triste nou-
D. ALVAR. (velle.
Pluß au Ciel qu'il nous fust plus aysé d'en douter :
Mais, Madame, à mes yeux on le vient d'arrester.

LINDAMIRE.
Ah! pour ce nouveau mal il n'est point de remede,
Et je sens bien qu'il faut que ma constance cede ;
Ce dernier coup s'acheve, helas il est perdu !
Et tout espoir nous est sur ce point deffendu ;
Son exil me laissoit encor quelque esperance,
On sembloit y garder un peu de bienseance,
On l'envoyoit chez luy sans bruit & sans éclat :
Mais si le Roy le traitte en criminel d'Estat,
Croyez-moy, Dom Alvar, sa perte est asseurée,
L'envie & mon mal-heur de consert l'ont jurée.

D. ALVAR.
Mais que resolvez-vous dans ces profonds ennuis?

LINDAMIRE.
Hé! que puis-je resoudre en l'estat où je suis.

D. ALVAR.
Vostre fuitte, pendant qu'elle vous est permise.

LINDAMIRE.
Où fuir une fureur que le Sceptre authorise ;
Où se pouvoir cacher d'un Monarque irrité :
Non, non j'attendray tout avec tranquillité.

D. AL-

D. ALVAR.

Mais voſtre perte icy devient inévitable,
On ſe rend criminelle en aymant un coupable;
Ignorez-vous les droits d'une raiſon d'Eſtat,
Et quel empire elle a ſur un Roy delicat.

LINDAMIRE.

Si de cette raiſon Moncade eſt la victime,
Au prix de tout mon ſang j'acheterois un crime:
Le Roy me condamnant à ſuivre ſon trépas,
Eſpargneroit du moins un forfait à mon bras;
Et de peur que du Ciel le courroux implacable,
Ne me prive du bien de paroiſtre coupable,
Allons apprendre au Roy le ſecret de mon cœur:
C'eſt trop vous eſcouter, dangereuſe pudeur,
Je veux malgré vos loix par un aveu ſyncere,
Perdre cette innocence à mes vœux ſi contraire,
Et par l'heureux effet d'un juſte emportement,
Partager pour jamais le ſort de mon Amant:
Courons, courons au Roy, qu'une eſperance vaine...

SCENE II.

LINDAMIRE, D. ALVAR, CARLOS.

CARLOS.

MAdame épargnez-vous, s'il vous plaiſt cette pei-
  Attendez-le chez vous, il ſort pour y venir, (ne,
Et vient de m'ordonner de vous y retenir.

LINDAMIRE.

On donne un beau pretexte à cette violence.

CARLOS.

J'execute à regret une telle ordonnance,
Mais les ordres du Roy....

LINDAMIRE.

Dans cette occaſion

Sem-

Semblent d'intelligence avec ma passion ;
Le Roy m'oblige plus qu'il ne se persuade,
De me traiter icy d'égale avec Moncade ;
Ce rang ne m'est pas dû : mais pour le meriter,
Je feray mes efforts pour le bien imiter :
Je sçay que ce Heros ne fut jamais coupable,
Que d'avoir trop aymé ce qu'il jugeoit aymable ;
J'en veux suivre l'exemple, & jusques à ma mort
J'espere partager & son crime & son sort :
Asseurez-en le Roy, vous de qui j'ose croire,
Que le cœur genereux porte envie à ma gloire :
Recevez pour bannir ces mouvemens jaloux
Les conseils que tantost je recevois de vous :
Fuyez, illustre amy, fuyez de cette terre,
Je voy bien que le Ciel luy declare la guerre,
Ses habitans, sans doute ont irrité les Dieux,
Ils ne peuvent souffrir de vertu dans ce lieux :
Et puis qu'il faut icy que les vertueux tremblent,
Le peril est pressant pour ceux qui vous ressemblent.

D. ALVAR.

Ah ! Madame, cachez ce boüillant mouvement,
Et moderez l'excez de cét emportement.

LINDAMIRE. (feindre,

Non, non, cher D. Alvar, il n'est plus temps de
Quand on n'espere plus on n'a plus rien à craindre.

CARLOS.

Mais, Madame, le Roy nous aura devancez,
Il faudroit, s'il vous plaist...

LINDAMIRE.

Ouy, Carlos, c'est assez,
Allons.

CARLOS.

Pardonez-moy, mais Dieux le Roy s'avance,
Et nous aurons lassé sa juste impatience. SCE-

SCENE III.

LE ROY, LINDAMIRE, CLOTAIRE,
D. ALVAR, CARLOS.

LINDAMIRE.

VOus le voyez, Seigneur, je vais me retirer,
Et Carlos m'est témoin que c'est sans murmu-

LE ROY.   (rer.

Arrestez, arrestez, vous m'estes necessaire,
Vous avez trop de part dans toute cette affaire,
Pour vous priver du bien d'en estre le témoin :
Vous, Carlos, escoutez?

CARLOS.
                    J'en vais prendre le soin.

SCENE IV.

LE ROY, LINDAMIRE, CLOTAIRE,
D. ALVAR.

CLOTAIRE.

MAlgré tous vos mespris, je vous jure, Madame,
Que je prends grande part aux ennuis de vostre

LINDAMIRE.   (ame.

Vostre cœur d'un tel soin pourroit se dispenser.
Ils ne sont pas si grands que vous l'osez penser.

LE ROY.

Tout beau nous avons sceu de vostre propre bouche,
Jusques à quel excez ce coupable vous touche ;
Vous taschez vainement à nous cacher l'ardeur...

LINDAMIRE.

Non, non, si vous voulez, je l'avoüeray, Seigneur ;
Est-ce un crime d'aymer un Heros magnanime,

                                        Qui

Qui de tout l'univers s'est attiré l'estime ?

CLOTAIRE.

Apres un tel discours, Seigneur, qu'attendez-vous ?

LE ROY.   (roux,

Vous nommez de ces noms l'objet de mon cœur-
Le surprenant effet d'une ardeur temeraire,
Ose jusqu'à ce point défier ma colere.

LINDAMIRE.

Hé! quoy, Seigneur, c'est vous qui l'avez allumé,
Ce feu dont malgré moy mon cœur s'est enflâmé ;
C'est en mettant Moncade au faiste de la gloire,
En luy faisant gagner victoire sur victoire,
En faisant éclatter ses exploits glorieux,
Que vous l'avez rendu si charmant à mes yeux :
Si vous ne l'eussiez point comblé de vostre grace,
Son extreme douceur, sa foy, son peu d'audace,
Son zele, & son respect pour vostre Majesté,
A mes yeux penetrans auroient moins éclaté :
La plus haute vertu sous la fureur succombe,
C'est un panchant glissant où le plus ferme tombe,
Et je l'ay veu porter toute vostre faveur,
Sans avoir un moment veu chanceler son cœur ;
Je l'ay veu Conquerant sans estre temeraire,
Favory sans orgueil, Courtisan & syncere ;
Vous l'avez connu tel, & vous estes surpris,
Qu'apres cela Moncade ait charmé mes esprits.

CLOTAIRE.

Mais, Madame, aujourd'huy de toute cette gloire,
Il n'en conserve plus que la triste memoire ;
Ce n'est plus cét objet des bontez d'un grand Roy,
Dont l'amour l'éleva presque jusques à soy ;
C'est le funeste but d'une colere auguste,
Que par soûmission chacun doit croire juste,

C 5   Et

Et pour qui , connoiſſant ce Prince glorieux,
Vous devez dementir voſtre cœur & vos yeux :
Ouy , vous devez juger qu'un Monarque équitable,
Ne traitte point ſans cauſe un ſujet en coupable;
Et connoiſſant le Roy quand je voy ce revers,
Je croy Moncade atteint de cent crimes divers;
Je le croy temeraire, ambitieux & traître ,
Je croy que la vertu qu'il nous a fait paroître,
Eſt un maſque trompeur , dont il cachoit à tous..…

D. ALVAR.

Ah ! Seigneur, ce diſcours peut-il venir de vous,
Qu'ay-je entendu, grands Dieux, quoy cette calom-
Vient du Prince Clotaire, ah ! noire perfidie.　　(nie

LE ROY.

D. Alvar quel tranſport…

D. ALVAR.

Pardonnez-moy , Seigneur,
Si malgré mon reſpect il échappe à mon cœur ;
Lorſque je voy Moncade accuſé par un Prince ,
Dont il a conſervé la vie & la Province ,
Et pour qui tant de fois avec tant de bonté ,
Il tira des bien-faits de voſtre Majeſté :
Je ne le puis nier , voſtre auguſte preſence,
Ne ſçauroit me côtraindre à garder le ſilence;(moy,
Moncade m'eſt connu, c'eſt moy, Seigneur, c'eſt
Qui vous puis mieux que tous reſpondre de ſa foy ;
Seul j'ay veu ſes deſſeins, ſeul j'ay leu dans ſon ame;
On cache ſes deffauts à l'objet de ſa flâme,
Adorant Lindamire on pourroit preſumer,
Qu'il feignoit des vertus pour ſe faire eſtimer :
Mais moy qui l'obſervois avec un ſoin extréme,
Et qu'il ayma toûjours à l'égal de luy-meſme,
C'eſt moy, qui le voyant accuſer à mes yeux,

Dois

Dois répouſſer, grand Roy, ce trait injurieux.

CLOTAIRE.

Seigneur, cette colere & cette vehemence,
Marque leurs factions & leur intelligence;
Je vous le diſois bien., qu'il achetoit des cœurs,
Et gagnoit vos ſujets au prix de vos faveurs,
Jugez de ce qu'il peut par cette ſeule marque;
Et ce que ſert icy voſtre rang de Monarque.

LINDAMIRE.

Ouy, traître les faveurs qu'il recevoit du Roy,
En faiſant éclatter ſon merite & ſa foy,
Ont fait naiſtre en effet l'ardeur qui nous inſpire.

CLOTAIRE.

Apres cela, grands Dieux, que pourroit-elle dire !

LINDAMIRE.

Mais s'il eut ſur nos cœurs un abſolu pouvoir,
Ce fut, parce qu'il fit pleinement ſon devoir.

D. ALVAR.

Ouy, Seigneur, il le fit, je ſçay ſon innocence;
Et ſi j'oſe à vos yeux en prendre la deffence,
Je me livre, grand Prince, à voſtre Majeſté,
Comme une caution de ſa fidelité :
Ouy, s'il eſt convaincu de la moindre penſée,
Dont voſtre authorité ſoit juſtement bleſſée,
Je me ſoûmets, Seigneur, au plus cruel trépas...

LINDAMIRE.

Ah ! cét honneur m'eſt deü ne me l'enlevez pas,
Ouy, D. Alvar, c'eſt moy qu'il adore & qu'il ayme,
A reſpondre de luy comme un autre luy-meſme :
Roy tout juſte & tout bon, ſouffrez qu'à vos ge-

LE ROY.   (noux....

Nous vous allons regler, le voicy, levez-vous.

SCE-

SCENE V.

LE ROY, MONCADE, LINDAMIRE, CLOTAIRE, D. ALVAR.

LE ROY.   (publiques)

Viens, mal-heureux, viens voir par cent preuves
Ce que font naiſtre icy tes ſecrettes pratiques :
Viens voir ceux de ma Cour les plus cheris de moy,
S'efforcer à l'envy d'eſtre immolez pour toy :
Regarde D. Alvar, approche & confidere,
Celle de qui je ſuis moins le Roy que le Pere,
Et de qui j'ay pris ſoin depuis ſon premier jour,
Qui fait ceder mes droits à ceux de ſon amour :
Lindamire l'objet de toute mon eſtime,
Veut ſuivre ton exil & partage ton crime :
Elle aime qui m'offence, elle m'en fait l'aveu,
Et trahit mes deſſeins pour ce coupable feu :
Auroit-on jamais creu qu'une pareille flâme....

MONCADE.

Ah ! Seigneur, jugez mieux des deſirs de ſon ame,
Et ne condamnez pas avec ſeverité,
Un foible mouvement de generoſité :
Elle ſeule, Seigneur, fait agir Lindamire,
L'amour n'a point de part au zele qui l'inſpire,
Et quel que ſoit l'éclat qu'elle fait dans ce jour,
C'eſt pitié, c'eſt bonté : mais ce n'eſt point amour.

SCENE VI.

LE ROY, CLOTAIRE, MONCADE, D. ALVAR, LINDAMIRE, D. ELVIRE, LEONOR, CARLOS.

ELVIRE.

Voyez-vous, Leonor, que cela vous ſuffiſe,
Toû-

Toûjours en tout, par tout la joye est ma devise :
Mais ce n'est pas icy que je dois la prescher,
Retirons-nous.

LE ROY.

Venez, vous pouvez approcher,
Vostre presence icy nous sera necessaire,
J'ay besoin de témoins pour ce que je veux faire.

LINDAMIRE.

Ouy pour faire éclatter ma gloire aux yeux de tous,
Approchez-vous, Elvire, on a besoin de vous,
Sçachant de quel secret est capable vostre ame,
On vous rend aujourd'huy le témoin de ma flâme,
Je rends graces, Seigneur, à cét obligeant soin,
Et j'en voudrois avoir l'univers pour témoin.

MONCADE bas.

O Dieux ! elle se perd.

LINDAMIRE.

J'avoüeray donc sans crainte.

MONCADE.

Ah ! ne la croyez-pas, Seigneur, c'est une feinte,
Connoissant le pouvoir qu'elle a sur vostre cœur,
Elle feint par bonté cette obligeante ardeur,
Presumant que peut-estre un Monarque qui l'ay-
Accordera ma grace à son amour extréme.   (me,

LINDAMIRE.

Va, va, j'en ay trop dit tu fais un vain effort,
Graces à mon aveu, nous aurons mesme sort.

LE ROY.

Qu'as-tu fait pour séduire une telle personne,
A-ce esté sur l'espoir d'usurper ma Couronne,
Car enfin ce grand cœur ne s'est point asservy.

LINDAMIRE.

Il a fait son devoir, & vous a bien servy,

C'est

C'eſt ainſi qu'on ſeduit les ames magnanimes,
Et non pas par l'eſpoir de commettre des crimes :
Connoiſſez moy, Seigneur, ce qui peut m'enflamer,
C'eſt ſa haute vertu qui me le fait aymer,
Seule d'un feu ſi pur elle eſt l'illuſtre cauſe.

D. ELVIRE.

Que le parfait amour eſt une ſotte choſe,
Vive l'amour commode & la bonne amitié.

MONCADE.

Madame, au nom des Dieux ayez moins de pitié,
Vous aygriſſez mes maux quand voſtre zele au-
      gmente,
Soyez moins genereuſe, & ſoyez plus prudente :
Helas ! qui m'auroit dit avant ce triſte jour,
Que mon plus grand mal-heur ſeroit ſon trop d'a-

LINDAMIRE.   (mour.

Je ſçay que cét excez me rendra criminelle :
Mais mon plus grand deſir eſt de paroiſtre telle ;
Seigneur, ſi j'en ay fait un coupable aujourd'huy,
Je pretens à mon tour la devenir pour luy :
Son amour vous déplût, le mien en fait de meſme,
S'il l'a dit, je l'avoüe, & s'il m'ayma je l'ayme ;
Ordonnez meſme peine, & de ſemblabies feux.

LE ROY.

Hé bien ! apres cela Moncade eſt il heureux ;
Gouſtera-t'il encor une joye imparfaite,
Et ſon Roy luy ſçait-il donner ce qu'il ſouhaite.

MONCADE.

Quoy, Seigneur, ce courroux n'eſt que feinte...

LE ROY.

                    Et comment
Avez-vous pû, Moncade en juger autrement ?
Vous eſtes innocent, je vous traite en coupable ;
Et vous qui me ſçavez un Monarque équitable,

                              Vous

Vous me voyez injuste, & vous l'osez penser ;
Ah! c'est de ce soupçon que je dois m'offencer ;
Et si Moncade en tout n'avoit l'art de me plaire,
C'est là ce qui devroit attirer ma colere.

LEONOR.

Quel revers !

D. ELVIRE.
Qu'ay-je fait!

CLOTAIRE.
Vaines pretentions.

LE ROY.

Aprenez le secret de mes intentions,
Comme depuis dix ans vous m'avez fait connoistre,
Que jamais plus que vous sujet n'ayma son maistre,
Aussi jamais sujet ne fut chery d'un Roy
Avec plus de ferveur que vous l'estes de moy :
Je vous ay veu saisi d'une melancolie,
Qui seule s'opposoit au repos de ma vie ;
J'en ay connu la cause, & je la fais cesser,
Aucun doute à present n'a droit de vous blesser :
J'ay juré par les droits du sacré diadéme,
De monstrer si c'est vous ou ma faveur qu'on ayme,
Je vous tiens ma parole & dans ce jour fameux,
Amy, Maistresse, Roy, tout va vous rendre heureux.

LINDAMIRE.

Ah! Roy, de tous les Rois le plus incomparable,
Qu'à jamais ce grand jour vous rende memorable.

MONCADE.

Puissay-je meriter cét excez de bonté,
En versant tout mon sang pour vostre Majesté ;
Et vous, illustre amy, dont l'ame peu commune
Paroist impenetrable aux traits de la fortune,
Partageons desormais la faveur de mon Roy.

DOM

DOM ALVAR.

J'ay satisfait mon cœur, & n'ay servy que moy.

LE ROY.

Allons par vostre hymen achever nostre ouvrage.

CLOTAIRE.

Qu'entens-je, qu'ay-je fait ; ah ! desespoir, ah! rage.

SCENE VII.

LE ROY, MONCADE, LINDAMIRE,
D. ALVAR, D. ELVIRE, LEONOR.

MONCADE.

PRince....

LE ROY.

Non laissez-le dans ces justes transports,
Il a bien merité de si cuisans remors ;
Et son exemple à tous doit servir d'une marque,
Que nul ne voit bien clair dans le cœur d'un Mo-
narque:
Et que pour bien sortir d'un pas si dangereux,
Il n'est jamais rien tel que d'estre genereux:
Mais allons achever.

SCENE VIII.

D. ELVIRE, LEONOR.

LEONOR.

ET vous la politique,
Prenez-vous grande part en la feste publique?

D. ELVIRE.

Tout cela ne vaut pas la peine d'en parler,
Et Dom Lope m'attend qui m'en va consoler.

FIN.

www.ingramcontent.com/pod-product-compliance
Lightning Source LLC
LaVergne TN
LVHW022129080426
835511LV00007B/1086